BEI GRIN MACHT SICH IHR WISSEN BEZAHLT

AF152336

- Wir veröffentlichen Ihre Hausarbeit,
  Bachelor- und Masterarbeit

- Ihr eigenes eBook und Buch -
  weltweit in allen wichtigen Shops

- Verdienen Sie an jedem Verkauf

Jetzt bei www.GRIN.com hochladen und kostenlos publizieren

Saskia Bruning

Tauben im Gras" Wolfgang Koeppen – Analyse in Zusammenhang mit Richard David Prechts „Liebe. Ein unordentliches Gefühl" – Carla und Washington

GRIN Verlag

Bibliografische Information der Deutschen Nationalbibliothek:

Die Deutsche Bibliothek verzeichnet diese Publikation in der Deutschen National-
bibliografie; detaillierte bibliografische Daten sind im Internet über http://dnb.d-
nb.de/ abrufbar.

Impressum:

Copyright © 2013 GRIN Verlag GmbH
Druck und Bindung: Books on Demand GmbH, Norderstedt Germany
ISBN: 978-3-656-54320-6

GRIN - Your knowledge has value

Der GRIN Verlag publiziert seit 1998 wissenschaftliche Arbeiten von Studenten, Hochschullehrern und anderen Akademikern als eBook und gedrucktes Buch. Die Verlagswebsite www.grin.com ist die ideale Plattform zur Veröffentlichung von Hausarbeiten, Abschlussarbeiten, wissenschaftlichen Aufsätzen, Dissertationen und Fachbüchern.

Besuchen Sie uns im Internet:

http://www.grin.com/

http://www.facebook.com/grincom

http://www.twitter.com/grin_com

„Tauben im Gras" Wolfgang Koeppen – Analyse in Zusammenhang mit Richard David Prechts

„Liebe. Ein unordentliches Gefühl" – Carla und Washington

Bei dem vorliegenden Textauszug „Liebe. Ein unordentliches Gefühl" von dem Philosophen und Publizisten Richard David Precht, handelt es sich um ein philosophisches Essay, welches 2009 erschien. Inhaltlich erfolgt eine kritische Analyse der neuen „Wahlbiografien", in Form einer multiperspektivischen Untersuchung von Selbstverwirklichung, Liebe und Glück. Dabei bezieht er sich sowohl auf die gegenwärtige Situation, als auch auf die historische Entwicklung. Am Beispiel der romantischen Liebe möchte Precht die Ambivalenz der neuen Individualisierung belegen.

Zunächst beginnt Precht einleitend mit der Behauptung, dass die Selbstverwirklichung zwanghaft die Entscheidung zwischen vielfältigen Lebensmöglichkeiten fordere. Hiermit reduziert er den Begriff der Selbstverwirklichung auf die Auswahl zwischen Möglichkeiten. Aus dieser Anfangsthese entwickelter seine Leitfrage, was geschehe, wenn diese Wahl nicht gelinge. Bereist hier deutet Precht die Ambivalenz der, wie er es bewertend benennt, „Bastelbiografien" an. Darauf folgt ein kurzer Absatz, in dem er die romantische Liebe als beispielhaften Beleg anführt. Er bewertet die Liebe schon hier vorgreifend als „Idealmöglichkeit der Selbstverwirklichung", in der auch sozialer Halt gesucht wird. Weiter benennt er die romantische Liebe als Wunsch in ihr Individualität zu finden. Rückblickend auf vergangene Epochen betrachtet er dies als nicht kontinuierlich. Neu ist nach Precht nur der Aspekt, dass sich dies in den Wohlstandsstaaten in allen sozialen Schichten verbreitet habe. Die Realität dieser Definition von Liebe, sei früher nur für die Oberschicht gültig gewesen, habe sich aber gegenwärtig zu einem Massencharakter entwickelt. Darauf aufbauend ist nach Precht auch der Anspruch auf Glück und Wahl in der Romantik enthalten und weitere Ansprüche in Zeiten des Wohlstandes. Somit definiert sich Glück hauptsächlich durch den Anspruch auf dieses, denn egal welchen Wohlstand man besitzt, der Anspruch darauf ist nach Precht allgegenwärtig. Kritisch benennt Precht hingegen, dass die Liebe ihren revolutionären Charakter verloren hat. Als entscheidend bezeichnet er die Gefühle in der Liebe der heutigen Zeit. Abschließend wird noch einmal die Ambivalenz der „Wahlbiografien" hervorgehoben.

Zusammenfassend überlässt der Autor die Bewertung der Liebesbeziehung dem Leser, charakterisiert vorher die in der Liebe enthaltene Selbstverwirklichung aber mit einer gewissen beeinflussenden Wirkung und betrachtet auch das Glück, als bloßen Anspruch, kritisch.

Vergleicht man nun die Ergebnisse der vorangegangenen Analyse mit dem Zeitroman „Tauben im Gras" von Wolfgang Koeppen, welcher 1951 erschien, bietet sich vor allem ein Vergleich mit dem Liebespaar Carla Behrend und Washington an.

Koeppen bezieht sich in seinem Roman theoretisch-fundiert auf den Alltag im Nachkriegsdeutschland. Es handelt sich um eine kritische Analyse zeitgeschichtlicher Verhältnisse auf politischer, sozialer, kultureller und ökonomischer Ebene. Der Zeitroman schildert einen einzigen Tag in München zu Beginn der fünfziger Jahre. Kaleidoskopartig wird in 105 Textsequenzen das Geschehen von einem dominanten Erzähler wiedergegeben. Carla Behrend ist die Tochter eines Obermusikmeisters und erwartet von dem schwarzen amerikanischen Soldaten Washington ein Kind. Carla ist noch teilweise rassistisch-denkend und hatte fest an die Zukunft des Deutschen Reiches geglaubt. Durch Carla ist Washington in den deutschen Alltag mit eingebunden, beide stehen aber infolge ihrer Beziehung zwischen den Fronten von Schwarzen und Weißen. Washington findet sich von Beginn an in einer Situation des Kampfes um Carla und das Kind. Beide verbindet ein utopischer Zukunftstraum, an den Washington von Beginn an geglaubt hat. Er hofft auf ein glückliches Familienleben und gehört der Siegermacht an, hat jedoch mit sozialer Diskriminierung zu kämpfen. Carlas Mann ist im Krieg verschollen, sie lebt mit ihrem Sohn Heinz in einem Haus mit Huren und wird von ihrer Mutter aufgrund ihrer nicht „rassengerechten" Beziehung verstoßen. Die Beiden haben sich in der Kaserne von Washington kennengelernt, wo auch Carla arbeitet.

Bereits zu Beginn des Textauszuges wird wiederholt, dass Washington und Carla sich gegenüber stehen (Z.1/2), dies belegt, dass sie sich zwar in gewisser Weise nahestehen, jedoch nicht an der Seite des Anderen sein können. Durch diese geringe räumliche Distanz wird verdeutlicht, dass sie nicht etwa mit ihrer Liebe rebellieren wollen, sondern die Rassenfrage sich ihrer Liebe in den Weg stellt. Dies belegt Prechts Beschreibung, dass die Rebellion verloren gegangen sei (Z.38). Mit der Aneinanderreihung von ungewöhnlichen Interpunktionen wie „...., Freunde? Feinde? Gatten?" (Z. 1) zeigt sich die Zusammenhangslosigkeit der Beiden. Hierzu passt Prechts These „das Einzigartige dabei ist ihr Massencharakter" (Z.19), es ist nicht zu erkennen in welcher Beziehung Carla und Washington zueinander stehen. Durch diese Außensicht ermöglicht der auktoriale Erzähler eine Beobachterposition für den Leser. Man kann eine gewisse Pseudoindividualität erkenn. Das Fremdbild, das die Beiden vermitteln, wirkt unbestimmt und unentschlossen. Sie leben"... in einer Welt der Unzucht und Verzweiflung" (Z.2/3), dies beschreibt die äußeren Einflüsse auf ihre Beziehung und zeigt, dass die Beziehung kompliziert ist. Durch die Wiederholung dieser Umstände und das darauf folgende Schreien wird dies untermalt. Mit der Umschreibung „... daß Böses geschah" (Z.9) zeigt sich ebenfalls die Außenwirkung der Beziehung, denn auf Frau Welz wirkt die Beziehung nicht liebevoll sondern bösartig und voller Brutalität. Mit der Wiederholung „jetzt" (Z.9) vergegenwärtigt sie diese Anschauung. Darauf folgt eine nüchterne Bewertung durch den Erzähler: „ Washington schlug sie nicht." (Z.10), dies betont so, dass das Vorangegangene nur Frau Welz' Sicht war, beziehungsweise nicht der Realität entspricht. Die Tassen und Teller die gegen seine Brust schlagen, können symbolisch für die Vorurteile und rassistischen Einstellungen stehen, mit denen er durch die Gesellschaft zu kämpfen hat. Aber auch die Vorwürfe, die Carla ihm macht, beispielsweise, dass Washington ihr nicht gerecht werde, da sie sich für ihn verschenke. In dem er die Scherben in einer rhetorischen Frage mit den „Scherben seine Glücks" (Z.12) vergleicht, zeigt sich, dass er zwar Zweifel an der Beziehung hat, trotzdem aber nicht daran glaubt, dass ihre Beziehung am Ende ist, da er sich sofort in einem inneren Monolog rechtfertigt, er könne jederzeit gehen. Allerdings wird dadurch auch klar, dass seine Definition von Glück fast ausschließlich aus Carla besteht. Indem er im Monolog optional seine Möglichkeiten beschreibt durch Worte wie „kann", „wenn" oder „vielleicht" (Z.13) zeigt er, dass dies für ihn sehr unwahrscheinliche Möglichkeiten sind, da er Carla eigentlich liebt. Im Sinne von Precht hat Washington sich somit unter dem Sortiment von Lebensmöglichkeiten bereits für Carla entschieden. Carla hingegen hat sich noch nicht ganz für Washington entschieden, da sie ihn „tränenverschwollen" (Z.14) anschreit und Gegenstände nach ihm wirft. Da Washington jedoch trotzdem standhaft bleibt und zu ihr steht, festigt sich seine Form der Wahlbiografie. Carla stellt hohe Erwartungen an Washington, sie verlangt nicht nur im materiellen Sinne viel, sondern auch auf sozialer Ebene. Sie will nicht nur raus aus der „Hurenwohnung", sondern auch ein luxuriöses amerikanisches Leben und gesellschaftliche Akzeptanz. Dies stimmt mit Prechts Aussage überein „auch in der Liebe erwarten wir heute so viel wie möglich" (Z.9). Auch wenn die beiden Texte zeitlich eine gewisse Distanz haben, kann man in dieser Aussage eine Parallele erkennen. Mit Ausrufen und herausfordernden rhetorischen Fragen (Z.15ff.) zeigt sich wie impulsiv und perspektivlos dieser Gefühlsausbruch ist. Indem sie sagt „mit dem Finger würden sie auf mich weisen" (Z. 16)zeigt insbesondere die Verwendung des „würde", dass sich Carla noch nicht für die Lebensmöglichkeit mit Washington entschieden hat. Und wenn sie Washingtons Herkunftsland als „dein dreckiges schwarzes Amerika" (Z.17) charakterisiert, zeigt sich, dass sie sich nicht in ein Leben in Amerika einfügen will und baut so eine Distanz zwischen ihr und Washington auf. Indem sie auffeilt zwischen „dein" und „ich" (Z. 18) zeigt sich in extremer Form, dass Carla sich in der Liebe verwirklichen will, in dieser Ich-Bezogenheit ist für Washington momentan kaum Raum. Durch die darauf folgende häufige Interpunktion mit Fragezeichen und die vielen Fragewörter wird Washingtons Verunsicherung deutlich. Durch die häufige Aneinanderreihung des Worte „vielleicht" (Z.19), insbesondere am Satzanfang, wird dies nochmals belegt. Es wird aber auch versucht, eine Erklärung für diese bedingungslose Liebe zu finden. Für diese bedingungslose Liebe steht Washington ein und erträgt Carlas Vorwürfe und Provokation. Für Carla hingegen ist dies keine realistische Erwartung, sie sieht zu diesem Zeitpunkt nur die drohende soziale Diskriminierung und damit verbundene

Perspektivlosigkeit. Das symbolische Band (Z.21) existiert zur Zeit nur für Washington. Indem er gerne Beispiele (Z.23) dafür sein möchte, dass eine Beziehung zwischen Schwarzen und Weißen funktionieren kann, zeigt, er, dass er an eine Zukunft der Romantik glaubt und auch daran, dass alles überwunden werden kann. Wenn er daran denkt Carla zu schlagen, will er sie nur wach rütteln und sie dazu zwingen auch an ihre Beziehung zu glauben. Mit dem metaphorischen Satz „ es ist immer die Verzweiflung, die prügeln will, aber sein Glaube überwand die Verzweiflung" (Z.24f.) zeigt sich, dass Washington seine eigenen Bedürfnisse zurückstellt und sein Glaube an ihre Liebe so stark ist, dass er sogar seine Verzweiflung überwinden kann. Durch die Geste der festen Umarmung wir ihre Liebe symbolisiert und Prechts These von dem Verlangen nach „ Leidenschaft und Verständnis, Aufregung und Geborgenheit" (Z.24f.) wird bestätigt. Hier ist ein Wendepunkt zu erkennen, denn nach dem leidenschaftlichen Streit mit viel Aufregung bietet Washington ihr so Geborgenheit und zeigt Verständnis für Carlas verzweifelten Wutausbruch. Als der Erzähler Carla mit einem „Fisch in der Hand des Fischers" (Z.27) vergleicht zeigt sich die Diskrepanz der Beziehung. Die Beiden lieben sich und gehören zusammen, aber auf der anderen Seite ist es ein Kampf die Beziehung aufrecht zu erhalten und sie habengegen äußere Widerstände zu kämpfen. Der Auszug endet mit einer direkten Rede von Washington, in der er wiederholt das Verb „müssen" (Z.29) wiederholt. Es symbolisiert den zwanghaften Kampf für die Liebe der Beiden, den Washington bereit ist zu kämpfen. Gegen „alle anderen" (Z.29) müssen die Beiden zusammenhalten und so rebellieren sie mit ihrer Liebe doch gegen die rassistischen Vorurteile, jedenfalls ist das Washingtons Traum. Indem er mit dem Satz abschließt „noch las ganz alte Leute müssen wir uns lieben" (Z.30) zeigt er, dass er an die Zukunft ihrer Liebe glaubt.

Abschließend hat sich somit ergeben, dass Carla und Washington als Liebespaar durch ihre Herkunft zwar als rebellisch charakterisieren lassen, sie leisten jedoch mehr passiven Widerstand und kämpfen nicht aktiv und öffentlich für ihre Liebe. Dies lässt sich jedoch auf die zeitlichen Begebenheiten zurückführen, da sich die Beiden direkt in der Nachkriegszeit befinden, welche rassistisch geprägt war, im Gegensatz zu Prechts Zeit. Washington bietet die allgegenwärtigen Ansprüche von denen Precht spricht, wie Geborgenheit. Carla zeigt ihre hohen Anforderungen an die Liebe, sowie ihren Versuch der Selbstverwirklichung. Sie ist es auch, die Leidenschaft und Aufregung verkörpert. Der Massencharakter von dem Precht spricht zeigt sich darin, dass zur damaligen Zeit viele, die eine Beziehung zwischen Schwarz und Weiß führten, dieses Problem hatten. Später zeigt sich aucj, durch die Utopie von einem Leben außerhalb Deutschlands, was Precht in Zeile 22f. beschreibt. Somit sind die Beiden ein Paar, das sich zwar von seinen Gefühlen leiten lässt, aber auch von der Gesellschaft eingeschränkt wird.